AF243513

LES CRIMES

DU

GOUVERNEMENT ANGLAIS.

A PARIS,

Se vend chez les Marchands de Nouveautés.

AN XIII. — 1804.

LES CRIMES

DU

GOUVERNEMENT ANGLAIS.

« Si j'avais la foudre, je la lancerais sur
le coupable cabinet de Saint-James »....
Page 16.

IL s'est retranché dans les îles de l'Océan
ce gouvernement ambitieux et perfide, placé
à côté de l'Europe pour en dévorer les fruits
et les libertés.

Mélange monstrueux de despotisme royal

1 *

et d'aristocratie religieuse, féodale et mer-
cantile, il présente l'image imparfaite et
trompeuse d'une représentation populaire.

Possesseur exclusif des richesses et du
commerce des nations, il s'est déclaré l'ennemi naturel de tous les peuples, l'oppresseur
politique de tous les gouvernemens, le mo-
nopoleur avide de toutes les industries, et
le tyran impuni de toutes les mers.

Un ministre froidement atroce a recueilli,
et exécuté tous les orgueilleux projets d'une
ambition immodérée, projets que lui légua
son père, avec la haine du nom Français.

Ce ministre, secondé par un génie infer-
nal, instrument vil du cabinet de St.-James,
dirige les trésors, les forces, la population,
et les esprits de la Grande-Bretagne, pour
accaparer les colonies des trois parties de la
terre, monopoliser le commerce de tous les
états, mettre à prix toutes les populations
d'hommes, dévaster tous les continens, do-
miner tous les gouvernemens de l'Europe,
détruire tous les principes de morale et tous
les sentimens de gloire jusque dans sa propre
nation, anéantir tous les germes de prospérité, tous les principes d'indépendance dans

les autres peuples, éteindre toutes les lumiè-
res de la philosophie, et anéantir LE DROIT
DES GENS, pour en effacer, sur le globe,
jusqu'à la plus légère trace.

Mais la sûreté de l'Europe s'y oppose,
l'EMPEREUR DES FRANÇAIS est destiné à ar-
rêter dans sa course ce torrent dévastateur,
à en détourner les calamités sur l'Angleterre
elle-même.

Les maux que la France a soufferts depuis
un siècle, et surtout les excès mêlés à sa révolution, sont l'ouvrage du gouvernement
anglais.

La coalition de l'Europe contre notre liberté est le résultat de ses intrigues.

La guerre injuste et atroce qu'il n'a cessé
de nous faire, est le fruit de ses richesses.

Le gouvernement anglais fut le seul agres-
seur de cette guerre générale ; il fut le seul
empoisonneur de la morale politique ; il est
le constant ennemi de la paix de l'Europe et
de l'existence de la France ; il est l'ennemi
éternel de la paix dont il vient de violer le
plus saint des traités.

Ainsi, chaque coup que la France va lui
porter, brisera des milliers d'anneaux de la

lourde chaîne, dont depuis long-temps il accable le genre humain et votre patrie.

Depuis cent ans, il attise, sur le continent de l'Europe, les feux de la guerre contre les peuples, et les discordes entre les citoyens.

Depuis cent ans, il usurpe et asservit; il thésaurise et opprime ; il fait des découvertes et commet des forfaits ; il insulte et il corrompt; il trompe et il commande.

Depuis cent ans, il a sept fois accumulé sur nos têtes, les maux de la guerre, en 1692, en 1704, en 1740, en 1755, en 1792, en 1803. Il a couronné tous ces fléaux, ouvrage de sa turbulente et ambitieuse politique, par la guerre la plus impie et la plus atroce, celle de la coalition de Pilnitz, et par la rupture violente du TRAITÉ D'AMIENS.

~ Ainsi donc, c'est avec une honteuse et longue impunité, qu'un siècle de tyrannie anglaise a pesé sur nos pères et sur nous ; et menace encore nos enfans.

Montesquieu disait *que la France ne devait jamais faire de commerce avec l'Angleterre qu'à coups de canons.* Il est temps que ce commerce terrible commence avec ce gouvernement étranger au monde, étranger à l'Europe, étranger à sa propre nation.

L'ombre sinistre et malfaisante du jaloux et sombre *Chatam* préside encore au conseil du cabinet de Saint-James. Elle dit aux ministres britanniques, que, n'y eût-il en Angleterre que deux vaisseaux, il faut les armer contre la France ; que, n'y eût-il dans le trésor du roi de la Grande-Bretagne, que deux guinées, il faut qu'elles servent à diviser, à corrompre, à détruire les Français.....

Est-il le digne héritier de ces forfaits politiques, ce *Williams Pitt*, qui, en 1793, a osé dire aux nations neutres, en restreignant insolemment les droits et les formes de leur neutralité : « La France doit être détachée du monde commercial, et traitée comme si elle n'avait qu'une seule ville, qu'un seul port, et que cette place fût bloquée et affamée par terre et par mer. »

Qui a donc voulu effacer la France, ce boulevard de l'Europe, du tableau des sociétés politiques ? Qui a osé proposer de détacher notre immortelle patrie du monde politique et commercial ; de la bloquer pour l'affamer ; de l'affamer pour l'asservir ; de l'asservir pour en partager les débris aux rois européens ?

Qui n'a pas rougi d'associer la langue de la philosophie et du commerce, au vote barbare D'UNE GUERRE D'EXTERMINATION CONTRE LA NATION FRANÇAISE ?

Qui s'est établi sur la terre marchand de l'espèce humaine, et trafiquant de crimes et d'assassinats ?

Qui s'est emparé insolemment de l'empire des mers et du commerce de tous les pays ?

Qui a incendié l'Europe de guerres, couvert l'Amérique septentrionale de crimes, armé l'Amérique méridionale de conjurations, changé l'Afrique en marché d'esclaves, l'Asie en ateliers affamés et en manufactures asservies, et Londres en trésor public pour les guerres les plus injustes.

Qui a fait périr, dans le Bengale, neuf millions d'hommes, pour asservir les trois millions qui ont survécu à ce complot de famine et de mort générale ?

Quelle main scélérate a distribué des instrumens de meurtre dans toutes les parties de la terre, des haches aux sauvages de l'Amérique, des fusils aux habitans de la Vendée, des stilets et des poudres aux esclaves de St.-Domingue, des armes à feu aux habitans de l'Afrique, et des poignards aux plus vils assassins, aux compagnons de *Georges.*

Qui a exterminé les familles acadiennes, témoignant le désir de se réfugier dans la France, leur patrie ?

Qui a établi, en Asie comme en Europe, l'or, comme le directeur de la diplomatie, l'agent des contre-révolutions politiques, le prix des coalitions royales, le subside de tous les crimes, et le plus terrible ministre de la mort ?

Qui a nécessité les constructions nombreuses de ces vaisseaux énormes qui surchargent la mer pour opprimer la terre ?

Qui a bâti ces vaisseaux-prisons, ces cachots flottans, ou les intempéries de la mer aggravent les maux de l'esclavage ?

Qui a établi ces longues bières qui traversent les mers, pour transporter, des côtes d'Afrique à l'archipel américain, les troupeaux d'esclaves à face humaine, pour les vendre à des colons plus barbares que les marchands ?

Qui a imaginé de couvrir les Antilles de dévastations et de ruines, pour s'emparer exclusivement des riches productions de ces contrées, et faire seul le commerce colonial ?

Qui a osé concevoir et exécuter le projet cannibale d'enrégimenter des chiens, de les armer de piquans extérieurs, et de les affamer pour les lâcher au milien des soldats français dans les plaines ravagées de Saint-Domingue ?

Qui a stipendié la férocité des hordes sauvages de l'Amérique contre les Américains armés pour leur indépendance ?

Qui a fourni à ces cannibales l'eau-de-vie inflammatoire et les scalpels meurtriers ? Qui a promené dans son camp les chevelures des Américains massacrés, et payé, avec des quincailleries, à ces hordes armées, le prix de ces inutiles barbaries ?

Qui a fait des sauvages cruels et indisciplinables du lac Ontario, les éclaireurs de l'armée anglaise contre les concitoyens de Francklin ?

Qui a fait garder le camp de Bourgoine par les sauvages les plus féroces, chargés de commettre les plus cruelles actions sur ces braves Américains qui se battaient pour leur pays ?

Qui a fait porter en triomphe, au milieu de l'armée britannique, près de Mont-Réal, la chevelure sanglante de l'innocente et belle miss Réa, qui était l'ornement de New-Yorck ?

Qui a déshonoré l'espèce humaine, en achetant des troupes étrangères comme on traite de vils troupeaux, avec promesse de payer au maître tant de guinées, pour tant de soldats qui seraient tués dans la guerre anglaise contre les Américains ?

Qui a établi, avec de l'or, un atelier secret de crimes au milieu de nos cités les plus populeuses, crimes qui débordent ensuite sur nos grands chemins, dans nos campagnes, et jusques sur le palais du gouvernement ?

Qui a formé, sans pudeur, à Londres, au nom de l'autorité publique, une fabrique de faux assignats et de fausses monnaies métalliques, pour inonder la France de banqueroutes et de calamités ?

Qui a donné naissance à cette diplomatie perfide, qui, sous le manteau du droit des gens, vient organiser en France, par la main perfide de *Drake* et *Spencer-Smith*, la révolte et l'assassinat, y solder tous les crimes, et subsider tous les vices ?

Qui a envoyé secrètement dans nos ports,

des cargaisons de scélérats subalternes armés de stilets et de poignards pour renouveller parmi nous l'exécrable guerre civile, et assassiner les gouvernans.

Qui a flétri l'humanité par l'invention de la *machine infernale* propre à incendier un port, embrâser des cités et des flottes entières, et détruire le chef du gouvernement français en faisant explosion au milieu d'une cité populeuse ?

Chez qui les découvertes les plus actives pour la destruction du genre humain se sont-elles multipliées, et ont-elles obtenu un horrible succès et un encouragement public ?

Qui a imaginé d'armer des corsaires, en leur donnant des doubles lettres de marque anglaises et françaises, pour joindre la supercherrie à la violence, et la piraterie à la perfidie ?

Qui a applaudi à ce corsaire infâme de Plymouth, qui, portant pavillon hollandais, fit des signaux de détresse à la vue d'un port français pour exciter l'humanité, appela des secours pour faire prisonniers ceux qui venaient le secourir, et courut montrer sa proie à une nation qui ne punit pas un pareil attentat (1) ?

Qui a exercé, à plusieurs époques, les pirateries les plus dures sur les navires marchands français, sans aucune déclaration de guerre, et sans aucune des formes établies parmi les nations civilisées ?

Qui a violé sans pudeur le droit des gens, jusqu'à prendre en piraterie quatre cents vaisseaux français avant la déclaration de guerre en 1755 et en 1803, et exercé les plus mauvais traitemens sur les malheureux matelots de notre commerce ?

______

(1) Un vaisseau hollandais se trouve, quelques jours après, à la vue du même port de France, dans le plus pressant danger, et fait inutilement des signaux de détresse. On le prenait pour un corsaire anglais ; il ne reçut aucun secours. Le vaisseau périt ; des hommes sauvés du naufrage dans la chaloupe criaient avec raison : *à l'inhumanité, à la barbarie ;* vous avez entendu nos signaux, et vous nous avez laissé sans secours. Les Français leur répondirent : Si nous n'avons pas fait ce que notre cœur nous inspirait, prenez-vous-en aux Anglais ; nous avons craint de tomber une seconde fois dans leur piège. La faute en est à la mauvaise foi d'un gouvernement qui autorise des trahisons aussi barbares, et qui applaudit à une *ingratitude* aussi révoltante.

Qui a donné une funeste perfection à la théorie du libelle, aux poisons de la calomnie, pour flétrir la liberté de la presse, faire périr les meilleurs citoyens, et renverser les divers gouvernemens de la France ?

Qui a fait retentir pendant long-temps les papiers publics à Londres (1) d'un projet digne des Néron et des Caligula, le projet de rompre les digues hollandaises, ce monument de la défense ingénieuse et de l'industrieuse patience d'un peuple libre ?

Qui a rompu les écluses de Sicklens, et embrâsé une partie de la Flandre ?

Quel gouvernement a fait corrompre des témoins en Irlande, pour déposer contre les Irlandais-Unis constamment opprimés dans cette contrée, et les livrer au supplice.

Qui a fait prendre en 1793 des pavillons tricolors à des corsaires anglais, pour courir sur les vaisseaux des États-Unis ; et, nous aliénant ainsi d'anciens amis, essayer de joindre une puissance de plus à la coalition de Pilnitz ?

---

(1) La publication de ce projet horrible accompagna la déclaration de la précédente guerre entre la Hollande et l'Angleterre.

Qui a approuvé le massacre de trois cents marins français sur la frégate *la Modeste* dans le port neutre de Gênes, massacre commis de sang-froid et en violation du droit des gens , par les marins d'un vaisseau de Londres ?

Chez qui les excès de barbarie contre les prisonniers de guerre ont-ils pris naissance et obtenu l'impunité la plus scandaleuse ?

Qui a ordonné de faire rentrer , chaque soir, à coups de baïonnettes, dans des cachots infects, nos matelots et nos soldats prisonniers?

Qui a assassiné à coup de fusil ceux de nos matelots détenus qui tentaient d'échapper par la fuite à leurs bourreaux anglais ?

Qui a donné l'ordre de lancer sur nos matelots fugitifs des chiens dressés à les découvrir dans les bois ?

Qui a fait fusiller des prisonniers français jusques dans les souterrains où ils sont enfermés sous l'empire sacré du droit des gens !

Qui a fait, depuis 1793, naufrager des Français, par cela seul qu'ils étaient Français?

Quel pouvoir a laissé impunie l'action de ce capitaine de vaisseau, qui, donnant des secours à un bâtiment neutre prêt à périr, rejeta dans la mer un des naufragés, parce qu'il est Français, et porta la cruauté jusqu'à lui couper, avec son sabre, le bras avec lequel ce malheureux républicain s'était accroché au vaisseau inhospitalier (1) ?

La nature, indignée de tant d'outrages, arrête ma plume. . ... Mais, non, la mesure des forfaits n'est pas comblée. . . .

Quelle politique profondément atroce a suscité, vers la même époque, des émeutes sanguinaires à Gênes, à Rome, en Corse, en Suisse ?

Quel est le gouvernement tyrannique et meurtrier qui a sans cesse besoin de rallu-

---

(1) *Séance du conseil des* 500 *, du* 19 *frimaire an* 6*.*

« Un pêcheur français (Romainville) aperçoit (en frimaire an 6) de sa barque, un bâtiment anglais désemparé, qui, livré au roulis, allait être englouti dans les flots. Sans consulter la faiblesse de son bâtiment, Romainville vole au secours de ces malheureux, leur jette un câble, et parvient à les remorquer jusque dans le port. » Quel contraste !

Le ministre de la république a renvoyé ces prisonniers sans rançon ; il a prouvé au ministère anglais les principes généreux du gouvernement républicain.

Opposez à cette action la conduite de ce capitaine anglais, et jugez de l'influence de cet atroce gouvernement.

mer, de recommencer la guerre continentale, pour faire sans cesse diversion en Italie ou dans le nord de l'Europe, à la descente vengeresse qui se prépare sur les côtes de l'Océan?

Quel gouvernement a osé insulter toutes les nations par la visite de tous les vaisseaux, en effaçant le nom de neutres, et en déclarant en état de blocus toutes les côtes de l'Empire français ?

Quel gouvernement travaille plus que jamais, par des forfaits, des coalitions, des intrigues diplomatiques et de l'or, à retarder de quelques jours la trop juste et trop lente punition que l'univers opprimé appelle sur sa tête coupable !

Faut-il un nouveau trait pour les signaler? Naguères, un soldat anglais, pour se distraire, ajuste un de nos prisonniers, et le tue. Un commissaire du gouvernement arrive, et, après avoir reconnu le cadavre, se retire froidement, en disant : « Ce n'est qu'un Français. . . . . . »

Entendez les longs gémissemens de l'humanité.

Un cri unanime s'élève de toutes les parties du globe contre l'auteur de tant de maux:

et l'indignation générale répond d'un pôle à l'autre : C'EST LE GOUVERNEMENT ANGLAIS.

Vengeance ! vengeance contre ces atroces tyrans !

Si j'avais la foudre, je la lancerais sur le coupable palais de Saint-James, et ses éclats incendiaires porteraient la flamme sur ses ports et ses vaisseaux, oppresseurs du monde.

C'est à toi seul, cabinet perfide ! qu'on doit reprocher le traité léonin de Padoue, la coalition impie de Pilnitz, nos guerres civiles, les espérances turbulentes d'un *prétendant* méprisé, les malheurs et la dévastation de nos colonies, l'anéantissement des vertus publiques, la dégradation des mœurs par le luxe, l'affaiblissement de l'esprit public par les divisions, et enfin tous les maux, tous les excès que la révolution a été forcée, par les intrigues de cet infâme gouvernement, de charrier dans son terrible cours. Le moment est venu où tant de crimes seront expiés : LES MERS SERONT LIBRES, et la puissance maritime, appartenant à toutes les nations par le droit des gens, sera répartie à chacune d'elles.

Il n'y a qu'un seul moyen de salut pour les droits maritimes de toutes les nations et

pour la liberté de l'Europe; c'est l'affranchissement des mers par l'armée française.

Cet affranchissement ne peut résulter que
de la destruction du gouvernement anglais.
C'est le seul ennemi de tant de droits et de tant
de bonheur, qui est encore debout au milieu
de l'Océan : dévoiler ses crimes, ce n'est
encore que l'avoir vaincu à demi. .... Pé-
risse donc le gouvernement anglais !

Par lui l'Europe fut troublée, nos foyers
envahis , notre liberté menacée , nos frères
massacrés ; par lui le commerce est anéanti
et les mers sont esclaves. Il reste seul; il
reste abandonné, parce qu'il est oppresseur
et coupable.

Encore un effort, et ce gouvernement
monstrueux ne souillera plus la terre, ne dés-
honorera plus l'Océan.

L'univers sera en paix , quand l'armée française , dirigée par NAPOLÉON, fera voile
vers les îles britanniques. Ainsi sa destinée
est comme celle des dieux ; il est chargé du
bonheur du monde.

Son génie a déjà donné la paix à l'Europe :
un nouvel effort de la France qu'il gouverne,
doit donner la liberté à la mer.

Il a mis, par ses innombrables victoires ,
la France à l'abri de toute attaque ; il n'a
plus qu'un triomphe à obtenir pour mettre
le commerce et la navigation à l'abri de
toute usurpation nouvelle. La liberté des
mers est devenue nécessaire à la prospérité
des nations et à notre propre gloire. Il n'y a
que sept lieues qui nous séparent de Londres.

Les neiges éternelles des Alpes liguriennes
et noriques, les déserts de l'Afrique et les
forteresses de l'Allemagne ont été un faible
obstacle à nos armes victorieuses ; les vagues
du canal de la Manche n'arrêteront pas le
cours de nos victoires.

Les flots du Rhin, de l'Adige, du Pô, du
Nil, n'ont servi qu'à exciter notre ardeur militaire ; il y avait cependant, au-delà de ces
grands fleuves, les troupes les plus guerrières ;
il n'y a au-delà de la Manche, que des milices
indisciplinées, des matelots et des marchands.

Les écluses formidables du Batave, retranché au sein des fleuves et de la mer,
n'ont pas ralenti la marche triomphante des
Français ; les Anglais ne sont pas les maîtres
des écluses de l'Océan.

Les gouvernans de Saint - James comptent, pour leur défense, sur les abîmes des mers. Ils sont ouverts pour les engloutir. L'armée française y précipitera ces ministres pervers.

« Nous avons, disent-ils, la mer pour remparts; la mer nous rend invincibles ».....

Et Carthage aussi se croyait invincible, en voyant la Méditerranée entr'elle et les Romains ! l'on cherche en vain le lieu où fut Carthage.

Et Venise aussi se croyait éternelle, ayant résisté à la ligue de Cambrai, au cours des siècles, à sa propre tyrannie ! Mais elle fut perfide, elle fut atroce ; et Venise n'est plus au rang des puissances de l'Europe.

Les Anglais sont invincibles !!! A quel ennemi ces insulaires ont-ils donc résisté ? Tour-à-tour les Romains, les Saxons, les Juttes, les Danois, les Normands les ont vaincus et subjugués. Ils étaient alors belliqueux et pauvres ; ils sont aujourd'hui corrompus et opulens.

Les Anglais sont invincibles ! et cependant de faibles colonies, sans finances, sans marine, sans armées, mais inspirées par le génie de la liberté, ont vaincu les Anglais, et se sont élevées fièrement au rang des nations indépendantes.

Les Anglais sont invincibles ! N'avons-nous pas fait fuir leurs bataillons à Dunkerque ? Ces héros bretons, n'ont-ils pas imploré à genoux la clémence des Français à Honscoote ? Ne les avons-nous pas chassés de la Belgique et de la Hollande ? Ne les avons-nous pas vaincus à Turin, à Milan, à Naples, à Florence, en Corse, à Mantoue, à Vienne, à Venise, sur les bords du Rhin comme sur les Alpes, et aux Pyramides ? Fiers Bretons, dites-nous, quel est le lieu qui ne soit pas marqué par vos défaites et par nos victoires ?

Le lion de St-Marc n'est plus ; l'aigle des Césars est en repos ; il ne reste plus que le léopard britannique à terrasser.

Le Nord et le Midi se sont tus en voyant nos premiers triomphes ; l'Occident appelle les héros français ; il veut être le témoin de leur gloire ; il appelle leurs triomphes nouveaux ; il a besoin de leur courage pour renverser la tyrannie maritime.

La paix du continent invoque la liberté des mers. Ce n'est pas assez d'humilier le sceptre de *Georges*, il faut briser le trident de Neptune dans les mains du despotisme britannique, pour l'intérêt de toutes les nations.

Un roi de l'antiquité faisait, dans sa colère, frapper de verges la mer indocile à ses projets usurpateurs. L'*Empereur des Français* doit rompre ses fers de l'Atlantique et de la Méditerranée usurpées par des pirates.

ILLUSTRE LIBÉRATEUR DE L'ITALIE ! souffrirez-vous plus long-temps que la mer, commune à tous les peuples, soit le domaine exclusif de quelques ministres anglais, ou de quelques matelots d'un électeur d'Hanovre? Souffrirez-vous qu'un gouvernement perfide et barbare exploite seul le commerce du monde, et qu'un marchand d'esclaves et de crimes règne insolemment sur toutes les nations ?

Jetez vos regards sur la carte du globe, vous y verrez empreints partout les crimes du gouvernement anglais. Lisez : il n'est pas une plage qu'il n'ait fait arroser de sang et de larmes; il n'est pas un continent qu'il n'ait soumis ou opprimé; il n'est pas une contrée qu'il n'ait couverte de deuil et de crimes. Chaque vague a donné la sépulture à ses victimes.

Suivez, sur l'immense étendue de l'Océan, les pas de ce gouvernement ambitieux et féroce, VOUS RECONNAÎTREZ SA ROUTE A LA LONGUE TRACE DE SANG QU'IL A LAISSÉE SUR LES DEUX HÉMISPHÈRES ET SUR TOUTES LES MERS.

L'Océan et la Méditerranée attendent donc le libérateur de l'Italie et le pacificateur de l'Allemagne, pour briser leurs fers. Leurs ondes, fières de porter ses soldats vainqueurs de l'Europe, sont impatientes de les déposer sur la terre de ces tyrans insulaires, pour les punir.

Entendez le génie de la victoire planant sur le camp français. « Passe ce détroit, lui dit-il, la gloire te précède, et tes ennemis sont abattus. Tu es conduit par un général fils de la fortune et amant de la gloire; frappe des ministres coupables, et le despotisme maritime disparaît. »

Jamais les circonstances ne furent plus favorables pour une aussi grande entreprise ! La France jouit de toute l'énergie militaire qu'une grande révolution lui a imprimée, *et* de la stabilité du gouvernement que l'hérédité du pouvoir lui assure,

Les puissances de la Méditerranée réclament leur part dans la liberté de la navigation et du commerce. Les puissances de la Baltique, accablées d'intrigues anglaises et dupes d'une aveugle condescendance pour le tyran des mers, ont besoin d'être affranchies du joug britannique. L'Espagne a confirmé, par une politique éclairée, l'alliance naturelle que sa position continentale et coloniale lui commande. Le souvenir de nos victoires a réveillé le Portugal trop longtemps assoupi dans les bras mortifères des ministres de Londres. La paix de l'Allemagne, de la Prusse, et de l'Autriche, est la sauve-garde des droits de l'Europe défendus énergiquement par la France; et le gouvernement anglais est partout haï, partout abhorré.

Jamais aussi la France n'eut à-la-fois plus de grands capitaines, d'officiers habiles, d'illustres généraux et de soldats victorieux ! Du Texel jusqu'aux Pyrénées, des Alpes jusqu'au Tage, de la mer du Nord jusqu'à la mer Adriatique, les vainqueurs *de Fleurus et d'Arcole, de Watignies et de Honscoote, de Gemmapes et de Lodi, de Tavis et du Tagliamento, des Pyramides et d'Aboukir*, couvrent les côtes de l'Océan, et n'attendent qu'un signal pour porter sur les bords de la Tamise affranchie, les derniers vœux de l'Europe et le dernier traité de la France.

La confiance nationale et l'armée française, accoutumées à la victoire, sont le cortège imposant avec lequel le héros du siècle va proclamer l'affranchissement des mers, assurer la paix du monde, effacer jusqu'à la dernière trace des maux que le gouvernement anglais a déversé sur l'espèce humaine.

Le signal sera sans doute donné bientôt : la mer sera orgueilleuse de porter sur des vaisseaux libérateurs le vainqueur de marengo et sa fortune.